CERDDI'R BONT

Cerddi'r Bont

Lyn Ebenezer

Argraffiad cyntaf: 2011

ⓗ Lyn Ebenezer/Gwasg Carreg Gwalch

Rhif rhyngwladol: 978-1-84527-362-0

Mae'r cyhoeddwr yn cydnabod cefnogaeth ariannol
Cyngor Llyfrau Cymru

Cynllun clawr: Sion Ilar

Cyhoeddwyd gan Wasg Carreg Gwalch,
12 Iard yr Orsaf, Llanrwst, Conwy, LL26 0EH.
Ffôn: 01492 642031 Ffacs: 01492 641502
e-bost: llyfrau@carreg-gwalch.com
lle ar y we: www.carreg-gwalch.com

I ANNI
Tair munud i hanner nos
3 Hydref 2010

Bu'n bwrw glaw ers dyddiau,
a'r gwynt yn nhwll y clo
yn udo fel corn hela
nes gyrru'r gath o'i cho'.
Yna cyrhaeddodd Anni
a'r heulwen lond ei chôl
i laesu gwynt ein hydref
a dod â'n haf yn ôl.

Cynnwys

Cerddi Cyffredinol

Llwybrau

I

'Fydd angylion weithiau yn crïo, Mam?'
'Byddant, fy machgen glas.'
'Ond pam yn y byd wna'n nhw grïo, Mam?'
'Am fod dynion yn ymddwyn mor gas.'
'Beth wedyn sy'n digwydd i'w dagrau, Mam?'
'Maen nhw'i gyd yn troi'n sêr uwch dy ben.'
'Mae'n rhaid bod 'na filoedd yn ddrwg, felly Mam,
sbïwch, mae sêr lond y nen.'

II

'Drwy'r nos hir bu bysedd rhew
yn lliwio map ar ffenest fy llofft.
Dilynais drywydd ein tristwch
ar hyd llwybrau gwrymiau oer y gwydr,
y rhimyn dan fy ngewin
yn gnoad iasol o gywilydd.
Ac wrth i mi grafu'r gwynder,
gwelwn wawl dy wyneb gwelw'n
ymwthio fel rhith o blith yr haenau rhew,
dy wefusau'n llunio un gair di-sŵn
drosodd a throsodd a thro –
'Pam?'
Bellach mae'r pibonwy'n meirioli
a diferu'n berlau bregus
wrth i'r lloer ildio'i lle
i lwybrau llaith hen fore llwyd.

III

Pan soniais am fynd bant
i chwilio am fywyd gwell,
gwyddet na ddown yn ôl
o'm crwydro pell.

Pob brigyn wisgai wyrdd,
fy nghalon roddai lam,
a chyda gruddiau sychion
prysuro wnes fy ngham.

Ond hen ddwyreinwynt slei
A cherydd lond ei gôl
a hyrddiodd dy ddagrau egr
fel ebrwydd gawod Ebrill
ar fy ôl.

IV

Haf ni wnaeth oedi'n hir,
oerodd y gwres,
a phob rhyw obaith ffals
ffodd gyda'r tes.
Ond wnawn i ddim dod nôl
rhag im, rhyw noson bêr,
ganfod dy ddagrau'n sglein
hyd lwybrau'r sêr.

V

Meddyliwn yn blentyn ysgafn droed
mai dail yr hydref oedd dagrau'r coed
wrth araf ddisgyn yn gawod drom
o addewidion a drodd yn siom.

Maen nhw yma yn rhywle o hyd yn stôr
yn memrwn-felynnu yng ngwaelod drôr,
dalennau bregus fel deiliach crin
a chwythwyd ynghyd gan hen wyntoedd blin;

ac ar bob dalen, y gobaith ffôl,
'Braf fydd dy gael di adre'n dy ôl.'
Minnau heno'n arafach fy nhroed
ar lwybrau sy'n gudd o dan ddagrau'r coed.

VI

Chwyrlïad, ffrwydrad o ffrwst
o frig hen dderwen bendrwm;
trybestod o biod
yn gwmwl o blu'n gwasgaru,
gwahanu'n y gwynt,
a'u trydar cras yn gwatwar y gwae.
Yna, llonyddwch mud;
y galarwyr wedi hen gilio
at y te a'r brechdanau twt.
Minnau fy hunan yno
Yn cofio, dro,
wedyn yn wylo.
A'r cyffro fu gynt nawr ond cryndod
ym mrigau brau hen bren
â'i ddail yn araf ddisgyn
ar lwybrau nas cerddaf mwy.

VII

Ar lan y môr ar dywod melyn
Bu olion traed rhyw fam a'i phlentyn,
ar lan y môr, y don sy'n gwawdio
hen atgof lle bu dau yn rhodio.

Ar lan y môr mae llwybrau arian
yn sgleino rhwng y don a'r marian,
ar lan y môr, mae cri f'anwylyd
mewn atsain sgrech pob gwylan goeglyd

VIII

'Yn y dydd, pam mae'r sêr yn diflannu, Mam?'
'Yr haul sy'n eu toddi nhw, 'ngwas,
gan eu troi nhw'n ôl yn ddagrau drachefn
a'u gollwng i'r môr mawr glas.'
'Faint o ddagrau sy'n disgyn i'r môr, dwedwch Mam?'
'Lawn cymaint â'r blew sy'n dy wallt.'
'Ai dyna pam mae'r môr, felly Mam,
bob amser yn blasu mor hallt?'

Ffair Gŵyl Grog

I Ffair Gŵyl Grog bu meirch yn gyrru,
Yn Ffair Gŵyl Grog bu sŵn gweryru,
Ac ar Fryn Crach roedd eco'u carnau
Yn glychau arian dros Ben Bannau.

I Ffair Gŵyl Grog fe aeth fy nghariad,
Ac yn ei gwallt roedd rhuban sgarlad,
Ar foch un arall rhoddodd gusan,
Yn Ffair Gŵyl Grog rown yno f'hunan.

I Ffair Gŵyl Grog, heb ofni hoced,
Fe es ag arian lond fy mhoced,
'Rôl gwario 'mhres yn rhydd fel rhaglaw,
Gadawyd fi yn drist a gwaglaw.

'Rôl meddwi ar y cwrw melyn,
Listiais yn ffôl am swllt y Brenin,
A bore trannoeth, heb fy Fanw
Fe hwyliais allan ar y llanw.

'Rôl brwydro'n hir yn Sbaen, dychwelais,
Trannoeth i Ffair Gŵyl Grog cyrhaeddais,
Chwiliais yn ofer am fy nghariad,
Ond ar y Glas roedd rhuban sgarlad.

Ffair Gŵyl Grog ddiflannodd weithian
Fel plufyn eira ar y pentan;
Heb ôl pedolau ar ei ffresni
Bydd porfa'r Glas yn lasach leni.

Ar Weun Blaenddol

Ar achlysur 65 mlwyddiant D-Day

Gwelais, flynyddoedd maith yn ôl
Rhyw filwr tal ar Weun Blaenddol,
Ac yn ei law fe ddaliai lun
O fachgen bach fel fi fy hun.
Roedd llygaid gwag y dyn yn goch,
A llifai dagrau lawr ei foch.
Ceisiodd fy nenu ato i'w gôl,
Y milwr tal ar Weun Blaenddol.

Roedd milwyr eraill llawn cybôl
Yn fawr eu trwst ar Weun Blaenddol,
Ond sefyll yno wrtho'i hun
Wnai'r milwr tal a ddaliai'r llun.
Cynigiodd i mi degan pren
A losin cnoi a ffownten pen,
Er hynny, awn i ddim i gôl
Y milwr tal ar Weun Blaenddol.

Diflannu wnaeth ar antur ffôl
Un dydd gan adael Weun Blaenddol,
Efe a'r lleill ar ddydd o ha
I draeth a enwyd Omaha,
Eu gwaedd ddiflannodd yn y gwynt
Fel gwaedd rhai aeth i Gatraeth gynt.
Ni ddaeth yr un fyth eto'n ôl
O'r milwyr tal i Weun Blaenddol.

Mae'n dawel nawr ar Weun Blaenddol,
Ond daw hen atgof di-droi'n-ôl
Weithiau; ar chwyslyd nos ddi-hun,
Gwelaf y plentyn yn y llun,
Hwnnw â'r wên a'r cyrliog wallt,
Yn awr yn wylo dagrau hallt
Wrth ofer ddisgwyl cysur côl
Ei dad, fu gynt ar Weun Blaenddol.

Y wlad sydd ar y gorwel

Mae 'na wlad sydd ar y gorwel
Lle bydd y gog yn oedi'n hwyr,
Lle bydd mwswg ar y llwybrau,
Lle caiff enaid lonydd llwyr.

Yn y wlad sydd ar y gorwel
Fe fydd bronfraith ym mhob llwyn,
Ar y llethrau uwch y gweunydd,
Ni fydd ofn ym mref yr ŵyn.

Wrth nesáu at wlad y gorwel
Teimlaf gyffro yn fy ngwaed,
Teimlaf obaith yn fy nghalon,
Teimlaf hyder yn fy nhraed.

Fe wnaf gyrraedd gwlad y gorwel,
Ddim ond dringo'r copa draw,
Cyn bo hir caf weld y dyffryn
Lle bydd enfys wedi'r glaw.

Braf fydd cyrraedd gwlad y gorwel
Wedi'r holl dramwyo serth,
Pwl bach arall a chaf eto
Adfer ffydd a chanfod nerth.

Yn y wlad sydd ar y gorwel
Fe gaf dreulio dyddiau gwell,
Ond mae'r daith yn hwy na thybiais;
Oes rhaid i'r gorwel fod mor bell?

Gweithdy Jac y Crydd

Wrth groesi'r trothwy teimla pob hen Gardi
Fod drws y gweithdy'n agor i hen oes,
Dyddiau'r allfudo i Ferthyr ac i'r Mardy,
A phwysau'r gaib a'r rhaw fel cario croes;
Dyddiau'r pregethwyr tanllyd, mwynwyr medrus,
Stumogau gweigion ac addoldai llawn,
Llafurwyr gonest, meistri ffals, twyllodrus,
Blynyddoedd gadael aelwyd y tân mawn.
Ond dewch i mewn, anghofiwch eich gofidiau,
Mae sŵn y morthwyl fel eiliadau mân
Yn dyrnu'r hen orffennol i'r esgidiau –
Cewch glywed Jac yn mwmian pwt o gân,
A Rod a John yn cofio ar y fainc
Am streic yn Nowlais ac am ffos yn Ffrainc.

Afon Teifi

I blentyn heb orwel ond blaen pig ei gap,
Dilynwn yn fyrgam dy daith hwp-di-hap,
Dy dafod yn sibrwd yng nghlust Pen-y-bannau
Gan ddatgelu dy glecs rhwng y coed a'r ceulannau.

Byddai atgo'n dy lais am hen fangre ddihalog
Ac adlais paderau llwyd fynaich sandalog,
Rhêg rhyw hen fwynwr wrth hollti'r mynyddoedd,
Ac ochain ei weddw uwch rhwyg y blynyddoedd.

Ganwaith mi glywais yn gymysg a'th gainc
Waedd y glaslanciau o'u huffern yn Ffrainc,
Galarnad alltudion o fwg y glofeydd,
Emyn eu moliant a rhoch eu rhegfeydd.

Caethwas wyf mwy i sugn dwfn dy fawnog,
Daliaist fi'n dynn â'th ddolenni cadwynog;
Mae oerni dy ddyfroedd yn falm ar fy nhraed.
A churiad dy ddwndwr yn gnoc yn fy ngwaed

I Lloyd a Ken

(Mewn cyfarfod teyrnged i ddau o
ffyddloniaid Clwb Pêl-droed y Bont)

Mewn byd o ruthro at fan gwyn fan draw,
Mae rhai sy'n caru'n fwy eu milltir sgwâr;
Y rhain wna ddal eu tir beth bynnag ddaw,
Hwynt hwy yw ceidwaid gwiw y bywyd gwâr.
Cefnogwyr tywydd teg wnânt fynd a dod,
Naw wfft i gwmni'r fath anwadal griw;
Mil gwell yw glynu'n glos heb unrhyw nod
Ond bod yn fythol deyrngar ac yn driw.
Heno mae dau sy'n caru clwb y fro
Yn derbyn teyrnged am eu llafur oes;
Er gwaethaf ambell storm ac awel dro,
Daliodd y rhain yn driw heb dynnu'n groes.
Da, weision da a ffyddlon. Boed rhwydd hynt
Heno i Ken Tŷ Bach a Lloyd Bwlchgwynt.

Y bin sbwriel

O f'annwyl Wili Bin wrth iet y bac,
Di folgi plastig a'th gap alcathîn,
Ynot mae caniau gwag o far y Blac
A'r clytiau wisga'r babi am ei dîn;
Rafflau y *Readers Digest*, bingo'r *Star*,
Areithiau Cynulliadol Dafydd Êl,
Canlyniad prawf beichiogrwydd merch fy chwâr,
Ac atodiadau rygbi'r Westyrn Mêl.
Eiddot yw cynnwys holl amlenni melyn
Hawliadau Treth y Pen ac Incym Tacs,
Tithau, fel Cymru annwyl, wlad y gelyn,
Dderbynni'n dawel bob rhyw rwtsh a rhacs;
Yna, pan na fydd mymryn mwy o le,
Dy waddol di – fel ni – fydd domen dre.

Soned o fawl i dîm pêl-droed Lloegr

Ni frîd y Bwldog, etholedig Duw,
Sy'n brwydro'n enw Lloegr a Sant Siôr
Tan faner Jac yr Undeb a'i thri lliw,
Canwn ein hanthem wiw yn waraidd gôr.
Mae'n wir na wn pwy ddiawl yw Huwi Go',
Ond canu wnaf ei glodydd ym mhob matsh,
Ac ambell fastard estron sy'n y gro
O ddal fy Noctor Marten yn ei gratsh.
Brawychu wnaf bob Paddy, Taff a Blaci,
Pob Arab, Iddew, Wog a Japanî,
Pob Krawt a Ffrog, Dago a Wop a Phaci
Sy'n meiddio croesi Stanli bach a fi;
Ac os mai colli wnaethom y tro dwetha,
Gwatsiwch chi ni yn ennill y tro nesa …
Neu'r tro wedyn …
Neu'r tro nesa wedyn …
Neu wedyn …

Baled y Saer Coed a'r Archderwydd

Yn Aberafan chwe-deg-chwech roedd hi'n brynhawn dydd Iau,
Pontsiân a finne yn y glaw a'r dafarn wedi cau;
Ac yna dyma Eirwyn yn datgan be oedd be –
'Os wyt ti byth mewn trwbwl, Lyn, treia ddod mâs 'no fe!
Os yw mamgu yn hen, os ydy'r fuwch yn dene
A'r borfa'n od o brin, a'r bar ar gau o'n hole,
Sdim ots am ddim o gwbwl, na, sdim ots am ddim 'mo'r dam
Tai'r babi'n llenw'i gewyn ac yn caca lond y pram,
Fe ddaw eto haul ar fryn,
Os na ddaw hade, fe ddaw chwyn,
Awn yn ôl i'r botel jin tan amser te.'

Fel ateb i'w weddïau, yn sydyn ac yn slic,
Yn syth o blith yr Orsedd ar ôl Cadeirio Dic,
I fyny at y gwesty daeth Cynan ar y sîn –
Fe foesymgrymodd Eirwyn, plygodd ar un penglin
Gan gydio am goesau'i arwr, a safai'n fud a syn,
Ac yna dwys-lefarodd yn floesg y geiriau hyn –
'Tyred yn ôl i erwau'r wlad; Blydi marfylys, Cynan!
Ond beth am fynd â ni am beint? Rwy bwyti tagu, achan!'
Fe ufuddhaodd Cynan, ac agor wnaeth y bar,
A braich dde Eirwyn erbyn hyn dros y Dderwyddol war.

Yng nghwmni hyfryd Cynan fe aeth hi'n hwyr brynhawn,
Smocodd Pontsiân ei ffags e'u gyd gan fwmian, 'Hyfryd Iawn!'
Ac yna, wedi sgwrs a chlonc, ac ambell beint o gwrw
Fe safodd Eirwyn ar ben stôl a llwyr ddistewi'r twrw.
Adroddodd Fab y Bwthyn o'i lwyfan ar y gader,
A phawb yn hongian wrth bob gair fel petai'r gerdd yn bader.
Yna daeth awr ffarwelio, ac Eirwyn aeth ar hyn
Draw at y Prifardd hynaws gan gydio amdano'n dynn;
Diolchodd iddo'n gwrtais, 'Da iawn, rhen foi, 'well done',
Bellach, a ninnau'n ffrindiau clos, gai d'alw di yn Cyn?'

Dros hanner canrif aeth ar frys ers Steddfod Aberafan,
Ond erys ar fy nghof am byth chwerthiniad iachus Cynan.
Hedfanodd y blynyddoedd, mae'r Prifardd yn ei fedd,
A rhywfodd fe ddychmygaf weld Eirwyn gydag ef
Ar bnawn rhyw Brifwyl nefol yn sgwrsio wrth y tân,
Y bardd mawr o Borthaethwy a'r dyn bach o Bontsiân.

Emynau

Emyn Priodas

(Tôn: Praise, my Soul)

Arglwydd Iesu, wrth dy allor,
Fel y rhai yng Nghana gynt,
Ymostyngwn gyda'r ddeuddyn
Sydd ar gychwyn newydd hynt;
Rho'th fendithion ar eu llwon
Ffyddlon yn yr oedfa hon.

Bydd yn heulwen ar eu haelwyd,
Bydd yn llewych ar eu taith,
Boed dy wenau dros eu hawddfyd,
A'th feddylfryd yn eu gwaith.
Rho'th fendithion ar eu llwon
Ffyddlon yn yr oedfa hon.

Aur dy gariad fo'n y fodrwy,
Sain dy glod fo yn eu cân,
Ac o uno yn dy enw,
Boed y ddau yn ddiwahân;
Rho'th fendithion ar eu llwon
Ffyddlon yn yr oedfa hon.

Ysgafnha eu holl ofidiau
Pan ddaw weithiau ddyddiau blin,
A thro wenwyn chwerwon eiriau
Yn eu genau'n felys win;
Rho'th fendithion ar eu llwon
Ffyddlon yn yr oedfa hon.

Capel Rhydfendigaid yn 150 oed

(*Emyn i blant ar y dôn Hoff yw'r Iesu*)

Cant a hanner o flynyddoedd
Lithrodd heibio fel y lli
Er pan godwyd ar Gae'r Felin
Gapel hardd ein hardal ni.

> *Cytgan:*
> Rhydfendigaid, dyna'i enw,
> Rhydfendigaid, hwn yw'r lle,
> Rhydfendigaid, y mae drwyddo
> Ffordd sy'n arwain tua'r Ne'

Codwyd ef pan oedd diwygiad
Yn crynhoi fel awel dro,
O na ddeuai'r gwyntoedd eto'i
Chwalu'r llwch a chodi'r to.

> *Cytgan:*

Cofiwn heddiw am y crefftwyr
A wnaeth godi'r waliau cain,
Am y saint a fu'n pregethu –
Hoelion wyth oedd pawb o'r rhain.

> *Cytgan:*

Boed i Gapel Rhydfendigaid
Ddal i wasanaethu'r fro,
Boed i ninnau fod yn ffyddlon
Fel na fydd y drws ynghlo.

> *Cytgan:*

Ple am gymorth Duw

(Tôn: Moab)

Mewn tywyll fyd, o Dduw,
Rwy'n byw'n ddi-leuad,
Trwy'r nos bydd i mi'n llyw,
Clyw fy nyhead;
O, anfon wrid Dy wawr
Dros orwel Nef yn awr
I chwalu'r twllwch mawr
O lawr Dy gread.

Os daw croeswyntoedd dur
I guro arnaf,
A bro'r cysgodion sur
Yn fur amdanaf,
Ym mhlyg Dy fantell glyd
Caf noddfa rhag y byd,
Dan nawdd Dy gariad drud
O hyd anturiaf.

Pan fyddo moroedd loes
Ar f'oes yn gwasgu,
Dwg fi o dan y groes
A moes im gysgu,
Caf wedyn ddeffro'n llon
A'r groesbren i mi'n ffon
I rodio ar y don
Gerbron fy Iesu.

34

Ar Fedydd Anni

(*Tôn: Rhosymedre*)

Fe ddaethom heddiw'n un
I geisio'th fendith, Dad
Ar un sy'n dechrau byw
I'th garu'n ddiymwâd;
Difera drosti gawod aur
Bendithion tirion baban Mair

Mae'th ysbryd Di yn fyw
Yn nhincial pur y nant,
Yn nhrydar adar mân,
Ym mwrlwm chwarae plant,
A'th hoen ym mhob chwerthiniad iach
Ddaw dros wefusau baban bach

O, pâr i'th gariad pur
Ei chynnal rhag pob nam
A boed i'th engyl oll
Ei gwarchod rhag un cam,
Ei holl freuddwydion byddont bêr,
A boed ei llygaid ar y ser.

Boed iddi dywydd teg,
Boed iddi felys foes,
Boed iddi einioes bur,
Ac os daw gwyntoedd croes
O, aed ei gweddi'n union syth
I'th gôl fel gwennol nôl i'w nyth.

Cerddi ysgafn

Loris Mansel Defis

Gyrru lawr y lôn fel cythrel,
Pasio *Jag*, dau *Ford* ac *Opel*;
Yna rheg ddaw dros fy ngwefus –
'Blincin lori Mansel Defis!'

Ar y ffordd i'r Sowth of Ffrans,
Sownd tu ôl i lori Mans;
Penderfynu troi am Sbaen –
Lori Mans sydd o fy mlaen.

O Gaerfyrddin i Lansilin,
Lori Mans, a finne'n dilyn,
O Borthmadog i Borthcôl;
Oes gobaith pasio? Bygyr ôl!

Pan ddaw'r dydd caf fynd mewn hedd,
A'm ffrindiau oll ar lan y bedd;
Disgwyl, disgwyl wnânt mewn trans –
A'r hers tu ôl i lori Mans.

Daw Dydd y Farn â'i boen a'i fraw;
A ga'i groesi i'r ochor draw?
Ar bont Iorddonen fyddai'n stýc
Tu ôl i rhyw Fanselaidd dryc.

Y Cwango

Fe deimlodd trigolion Cwm-rhyd-yr-iâr
Bod hi'n amser cael toiled ar ganol y sgwâr;
Ond eu ffydd oedd yn wan y gwnâi'r Cyngor Plwy
Weithredu'n bwrpasol eu cynlluniau mawr hwy.
Penderfynwyd, yn hytrach, mynd ati ar fyrder
I sefydlu arch-Gwango i ddelio â'r mater.
Medde'r Maer, 'Does dim byd yn debyg i Gwango
I setlo'r holl fusnes jyst felna, mewn wan-go!'
Ac wrth gwrs, y Maer, â'i gymeriad di-staen
A fyddai'n gyfrifol am ddewis pob tshaen;
Tra'r Faeres ddewisai'r holl seddi delfrydol
Gan fod ganddi'n naturiol awdurdod din-asol.
Gofynnwyd i Sais, rhyw Is-Gyrnol Smythe-Alcock
I fod yn gyfrifol am ddewis pob bôl-coc.
Fe alwyd cyfarfod yn Neuadd y Dre,
Ac yn fuan, wel, welsoch chi erioed ffasiwn le;
Roedd y Maer yno'n fflyrtan, ei ysbryd yn iach,
Â'r ferch oedd fod ddewis y papur tŷ bach.
Medde'r Maer, 'Os wnâi dynnu eich coes, wnewch chi blysho?'
Medde honno, 'Os tynna'i eich tshaen, wnewch chi fflysho?'
Roedd y Faeres yn cwato tu cefen i'w gŵr
Yn labswcho â'r swyddog oedd fod basio'r dŵr.
Ymlaen aeth y miri drwy'r nos ac i'r bore,
A phawb a oedd yno'n cytuno, o'r gore,
I gwrdd bob nos Wener i drafod ymhellach.
Fe basiodd chwe mis, a doedd neb fawr iawn callach.
Os oes angen dau i ddawnsio pob tango,
Mae angen beth cythrel yn fwy i gael Cwango.
A dal maen nhw'i ddisgwyl yng Nghwm-rhyd-yr iâr,
Does dim toiled hyd heddiw ar ganol y sgwâr.
Na, does dim ar y sgwâr, dim ond gwacter a siom
Ar ôl malu'r holl awyr, ar ôl chwalu'r holl ddom.
Does neb ar ôl bellach o'r Cwango digwilydd –
Fe ddiflannon nhw fyny penolau ei gilydd.

Pobol drws nesa

Fe ddaeth pâr bach reit ryfedd i fyw i Dy'n Coed,
A dau mor wahanol ni welwyd erioed.
Mae Ty'n Coed, gyda llaw, yn yr un stryd â ni,
Ond bod ni'n Nymbyr Tŵ a nhw'n Nymbyr Thri.
Un main tal oedd e', jyst fel fframin beic,
Tra hi'n fenyw dew, fel rhyw forfil ar heic.
O'r Rhondda doi ef, ond Goges oedd hi;
Roedd ganddi hi gath tra roedd e'n cadw ci.
Er yn siario'r un tŷ, rown nhw'n byw mewn dau fyd,
Doedd y ddau byth i'w gweld mas da'i gilydd run pryd.
Yn wir, roedd e'n ddigon i'ch hala chi'n grac –
Pan ai hi mas drwy'r ffrynt, fe ddoi e' mewn drwy'r bac.
A phan ddele fe nôl, ail-adroddid y stynt –
Fe ai hi mas drwy'r bac a doi e' mewn drwy'r ffrynt.
Ond yna, un bore, tra hi'n berwi wy
Ar y stof yn y gegin, fe ffrwydrodd y nwy.
Fe chwythwyd y ddau mas drwy'r ffenest yn llwyr,
A wnaethon nhw'm glanio nes oedd hi'n reit hwyr.
Fe gollais i ddeigryn, doedd gen i ddim cywilydd,
Wrth eu gweld nhw am unwaith yn mynd mas gyda'i gilydd.

Rasys Tregaron

Tra yn fy ngwely neithiwr,
Breuddwydiais freuddwyd hir,
Ac ynddi, o flaen fy llygaid,
Gwelwn yn od o glir
Ym mhobman yr edrychwn
Fy lwcus rif, sef saith,
Ac wrth i mi freuddwydio
Fe'i gwelais lawer gwaith.
I'r rasys felly euthum,
Ac at y bwci'r es,
O'm poced tynnais allan
Saith bunt, yr oll o'm pres,
A'u gosod ar fy union
Ar drwyn rhif saith, cel coch,
A redai yn y seithfed ras
A hynny am saith o'r gloch.
I ffwrdd yr aeth y ceffyl,
Ond nawr rwy yn y cawl,
O'r saith a redodd yn y ras,
Yn seithfed ddaeth y diawl!

Y peiriant ffacs

Eisteddwch yn gyffyrddus
A gwrandwch arna'i gyd,
Adroddaf i chi stori
Am iypi cynta'r byd.
Ei enw oedd Dai Edwin
O Lanfairpwll ym Môn,
A mynd wnaeth Dai i Lunden
At gwmni ar Sgwâr Sloane.
Fe brynodd geffyl dwyflwydd
A'i reido rownd Hyde Park,
Y cyntaf o'r Sloane Rangers
Erioed i wneud ei farc.
Fe brynodd siwt *Armani*
A chlamp o ffeilo-ffacs;
Trigai mewn fflat ym Mayfair,
Ac yfai seidir *Max*.
Dysgodd arferion rhyfedd
Fel bwyta reis a ffa,
Siaradai'n od – yn lle dweud 'ie',
Bob tro dywedai 'ia'.
Un dydd, tra yn ei swyddfa
Wrthi yn ffacso llun,
Fe lithrodd ar y carped,
Disgynnodd i'r mashîn.
Pesychu wnaeth y peiriant,
Gan droi i'r dispatsh môd.
Fe ffacswyd Dai i Timbuctoo –
Ond diawch, roedd gwaeth i ddod!
Ymlaen yr aeth y peiriant
I ffacsio'n ddiwahân
I Baris, Tokio a Bankok,
I Frwsel a Chwmbrân;
I Amsterdam, Helsinki,
I Rufain ffacsiwyd Dai,

I Gothenberg, i Stuttgart,
Chicago a Threlai.
A nawr, mae iypis trendi
Ymhob gwlad yn y byd,
Yn boendod ymhob bistro,
Yn niwsens ar bob stryd.
Os teimlwch fod tebygrwydd
Rhyngddynt mewn gwedd a phryd,
Wel, marciau llawn, chi'n berffeth iawn,
Dai Edwin ŷ'n nhw'i gyd.

Cwpan y Byd

(Sef Paned o De)

Alaw: Anthem Undeb y Tancwyr

Os ar fyw 'chi wedi laru
Am bo'r mab yn dechre caru
Â thrawswisgwr bwtsh o'r Bari,
Hidiwch be'.
Cydiwch yn y bocs *Ty-phoo*,
Ac mewn munud, nefi blŵ
Fe gewch nefoedd, ar fy llw
Mewn cwpan te.

Yfwch *Padra*, profwch *Pouchong*,
Sipiwch *Oopak*, llyncwch *Souchong*,
Llowciwch *Assam* neu *Darjeeling* neu *Twankay*;
Rhoddwch gynnig ar *Glengettie* –
PG Tips yw ffefryn Hetti
Tra bo Beti wedi ffoli ag *Earl Grey*.

Wfft i fois y bar a'u twrw,
A ffarwel i'r drontol gwrw,
O! mae'r te 'ma wedi 'mwrw, wn i'm ble;
Treulio mywyd a wnaf erot,
Berwi dŵr a thwymo'r tebot,
Fedra'i bellach ddim byw hebot,
Gwpan te.
Does 'na unpeth yn y byd fel cwpan te.

Y gofalwr

Am hanner can mlynedd bu Tomos, ddyn gwâr,
Yn ofalwr y toiled ar ganol y sgwâr,
I nodi achlysur ei jiwbili arian
Fe'i cyflwynwyd â chadwyn, ac arni hi darian
Ac ar honno'r geiriau yn nodi, mewn du –
'Llongyfarchion i Tomos J Huws, WC.'
Derbyniodd dystysgrif oedd wedi'i harwyddo
Ar shiten o *Andrex* gan y Swyddog Gwrteithio.
Ac yn wir, haeddai Tomos y canmol a'r clod,
Ei giwbicyls ef oedd y glanaf yn bod,
Roedd ei seddi fe'n lân a'i holl borslein e'n sgleinio,
Ei bapur e'n feddal a'i bôl-cocs e'n sheino.
Ond profodd y cyffro yn ormod i Twm,
Aeth ei gamau e'n fyrrach a'i anadlu fe'n drwm;
Ie, byr iawn fu dyddiau Twm Huws, yr hen dlawd,
A chyn hir fe wynebodd e' ffordd yr holl gnawd.
Am sbel, yn ei gloset, bu'n gorwedd in stêt,
Ei dîn ar y tanc a'i ddwy droed ar y sêt.
Cyn codi fe gafwyd dwy funud o hysh
Nes i'r Faeres roi plwc ar y tshaen i greu fflysh.
Fe'i cludwyd i fynwent y llan, Alltyblaca,
Gyda'i arch, nid mewn hers, ond yng nghefn lori gaca.
Ac ar fedd da was da, a lafuriodd mor ddiwyd,
Rhoddwyd pedair swît pî mewn hen botel Jeys Ffliwid.

Trafferth mewn tafarn

Roedd Mari yn gweithio ym mar y Red Cow
Pan gerddodd dyn dieithr i mewn.
'Dydd da,' mynte'r dyn, 'ga'i hanner o êl?'
'Cewch, glei,' mynte Mari'n reit ewn.

Pan geisiodd y dyn fynd i'w boced am bres,
Fe sylwodd hi, Mari, yn gloi
Fod y dyn yn cael trafferth i gyrraedd ei gelc –
Doedd dim dwylo i'w cael gan y boi.

'Gadewch i fi, bach,' mynte Mari'n reit neis,
Gan fystyn i boced y tsiap;
Fe gymrodd hi bumpunt, ei roi yn y til
A rhoi'r newid yn ei boced e' whap.

Aeth y boi ati nawr i yfed ei beint,
Ond heb ddwylo, reit anodd oedd pethe;
Fe gododd hi, Mari, yr êl at ei geg,
Ac fe yfodd y bachan yn ddethe.

'Wel, diolch yn fawr,' medde'r dyn, yn reit bles,
'Chi'n garedig tu hwnt, mae'n rhaid dweud;
Mae'n braf gweld fod rhai yn dal yn boleit,
Heb eich cymorth, beth allwn i wneud?

'Ond gwedwch 'tho i,' medde'r dyn unwaith 'to,
'Ym mhle y mae toilet y dynion?'
'Trowch i'r dde,' medde Mari, 'ac ewch mas i'r bac.'
A dilynodd y dyn y manylion.

A nawr dyma Mari yn meddwl yn syth,
'Sut ddiawch all y dyn ddod i ben?
A, wel, man a man i fi helpu fe sbo,'
Ac fe wisgodd un faneg fach wen.

Fe aeth Mari i mewn ac fe helpodd hi'r dyn
I wneud beth oedd rhaid i ddyn wneud.
'Dwi'm yn gwneud hyn i bawb,' medde Mari'n boleit.
Medde'r dyn, gyda gwên, 'Peidiwch dweud!'

Helpu'n gilydd yw'n rhan ni i gyd yn y byd,'
Mynte Mari, 'ond dwedwch tho'i nawr,
Ble golloch chi'ch dwylo? Yn rhyfel Irac?'
Medde'r dyn, braidd yn syn, 'Rargain fawr!

'Chi wedi camddeall, wel ydych siŵr iawn,
Mae gen i ddwy law, ond rwy'n flin.
Dwy lawes fy nghot i sydd braidd yn rhy hir –
Rwy'n mynd nôl â hi i *Burtons* dydd Llun

Y stripar

Pan gaewyd pwll glo Ynysowen,
Gwariodd Dai ei ridyndansi pei
Ar agor clwb nos lawr yn Sgiwen,
A llogi mêl stripar ar slei.

Un noson, â'r hwyl ar ei anterth,
A Merched y Wawr yn y dre,
Roedd hi'n siom fawr i bawb yn bresennol –
Doedd dim stripar ar gyfyl y lle.

'Ry'n ni'n mynd i gael stripar 'ma heno,'
Medde'r Merched, o Gangen Cwm Cou,
'Mae e'n dweud ar y poster fod stripar i fod,
A stripar fydd yma, gwd boi!

'Ac os na fydd yma mêl stripar,
Un deche, a hynny 'mhen awr,
Fe falwn ni'r lle yma'n ufflon,
Ac wedyn ei losgi i'r llawr!'

Doedd dim dewis gan Dai, gwirfoddolodd,
Fel un oedd â chorff wel endowd,
Gan ddringo i'r llwyfan i ddangos ei hun
Yn borcyn o flaen diawl o growd.

Nawr roedd Dai, lle'r oedd pethe'n cyfrif,
A'i roi e'n sidêt, wel … yn gawr,
Ac er mwyn ymddangos fel Adda,
Roedd angen cael deilen go fawr.

Fe dreiodd e' gyrtens y bathrwm,
Mat llawr, bwced namel a sach,
Basged lôndri, cas clustog, bag bin polithîn –
Ond diawl, rown nhw'i gyd yn rhy fach.

Yn y diwedd, gwrthododd berfformio,
Ac fe losgwyd y clwb, do, i'r llawr;
Fe wylodd 'rhen Dai yn ei golled,
Ond rhegi wnaeth Merched y Wawr.

Dyw'r hen foi ddim yn berchen clwb mwyach,
Ddim bod Dai nawr yn poeni'r un iot,
Er gwaetha'i dro ffôl, dyw e' ddim ar y dôl –
Mae e nawr yn bwmp petrol yn Sblot.

Nos Galan

Aeth Siani ar sgawt o Gwm Brennig
Am ddiwrnod i ardal Arennig,
'Mae'n Ionawr y cynta,'
Medde Siani, 'mi wranta,
Man a man i fi ganu Calennig.'

Fe ganodd tu allan i fwthyn,
Sef cartre'r hen Donald Cwmeithin.
Denodd Don hi drwy'r drws
Gyda photel o fŵs,
A Siani ffôl, dlws wnaeth ei ddilyn.

Calennig gwahanol gadd Siân
I'r hyn oedd hi'n ddisgwyl am gân,
A *disgwyl* a wnâth hi
Am naw mis, nes dâth hi
Yn fam i efeilliaid bach glân.

Mae moeswers i Siani'r fan hon –
Pan ddelo Nos Galan gerbron,
Nid 'Calennig yn gyfan'
Ddylsai fod wedi'i hymian
Ond cytgan o 'Arafa Don'.

Y syrjeri

Fe aeth Wil at y doctor un bore dydd Sul
Am ei fod e', pwr dab, yn gwaelu.
'Wil bach,' medde'r doctor, 'eisteddwch i lawr.'
'Dyna'r peth,' medde Wil, 'diawch, rwy' ffaelu.'

'Nawr, odi chi'n regiwlar?' gofynnodd i Wil.
'Ydw, bob bore am saith fe ddaw llwyth.'
'Dim problem,' medde'r doctor. 'Wel oes,' medde Wil,
'Chi'n gweld, dwi'm yn codi tan wyth.'

Tynnwch eich trowser a phlygwch i lawr,'
Medde'r meddyg, yr hen Ddoctor Miles,
'Rwy'n credu mai'r hyn sy'n eich poeni chi, Wil
Yw'r hyn ry'n ni'n ei alw yn piles.'

Mae nhw'n debyg i'r Brymis,' medde Wil wrth y doc,
'Mae nhw'n iawn wrth ddod lawr a mynd nôl.
Ond pan maen nhw'n dod yma'i aros, wel diawl,
Mae'n nhw'n ufflon o boen i'r pen-ôl.'

'Mae e'n salwch cyffredin yn wir,' medde'r doc,
'Mae e'n digwydd i'r Libs, Labs a Thoris.
Ac fe gewch chi yn union yr hyn a gawn nhw –
Llond bocs o *suppositories.*

'Defnyddiwch nhw'n gyson,' medde'r hen Ddoctor Miles,
Medde Wil wrth y doc, 'Hip-hwre!'
'Ie wir,' medde'r doc, 'fe glirian nhw'r clwy,
Cofiwch *Where there's a Wil, there's a way.*'

Y dydd Llun canlynol roedd Wil yn ei ôl
Wedi colli'i amynedd yn lân;
Erbyn hyn roedd y boen yn ei hala fe'n wyllt,
A'i ben-ôl e' fel pelen o dân.

'Wil bach,' medde'r doctor, 'mae hyn yn beth od,
'Mae hi'r stori ryfedda o'r storis'
Beth am y tabledi 'na gawsoch gen i?
Be ddaeth o'r *suppositories*?'

'Dim byd,' medde Wil, 'dw'i ddim tamaid yn well,
Na, does 'na ddim gwelliant yntôl.
Fe *lyncais* i'r cyfan, ond diawch, man a man
Tawn i wedi stwffo nhw lan i mhen-ôl!'

Enciliad Dic Deryn o Bobol y Cwm

Fy ngobaith oedd cael bod yn anghymharol,
Gan ddringo'i fod yn deicŵn mwya'r fro,
A chydag arian Mrs G a Carol
Roedd disgwyl mawr y gwnawn i hynny, sbo.
GB Construction aeth o nerth i nerth
Er gwaetha Stan a'i dricie slei dan-dîn,
Dyblodd asedau'r cwmni yn eu gwerth –
Yna fe landodd Lisa ar y sîn.
Dod yma wnaeth hi i helpu Meira'i glarco,
A damio, pishyn handi odd hi 'ed,
Y math o ferch odd angen dŷn i'w charco.
Ond daliodd fi â'i llyged cym-tw-bed.
Mewn lliain a sachludw rwyf ar drip
Un-ffordd i'r domen sgrap mewn Deryn Sgip.

Rhigymau a Limrigau

Hysbyseb Iechyd a Diogelwch

Yn Eisiau:

Achubydd pwll nofio yn Ysgol y Glascoed,
Cyfyngir i hoywon sy'n ddall ac sy'n un-troed;
Does dim angen Cymraeg, ond byddwch cystal â chofio –
Rhoi'r blaenoriaeth i'r rheiny sydd heb fedru nofio.

Ymson wrth dalu bil

Doedd dim yn well gan Adolph Mostyn
Na gosod ticed ar fy Ostin
Bob dydd o'r wythnos ac ar Suliau
A finnau'n gorfod talu'r biliau
Gan fy ngweud i'n horlics bost.
Ond ef yn awr sy'n talu'r gost –
Yn y fynwent mae e'n tampo,
Mae'i garreg fedd e' wedi'i chlampo.

Ymson mewn pictiwrs

Yma'n yr Odeon rwyf drist fy myd
Gan ymddiheuro o hyd ac o hyd,
Beth wnaeth i mi fwyta bêc bîns, fy ffrind,
Cyn dod yma'i wylio *'Gone With the Wind'*?

Siopa

Wedi **Currys** daliodd Neli
A **Tess** 'co ddos o'r **Deli** beli,
Rumbelows a drodd yn **Quicks** –
Nawr mae **Marks** ar eu **Harvey Nicks**.

Bali dwli

Aeth Blodwen am wyliau i Bali,
Nawr, Tori oedd Blod yn y bôn,
Hi oedd Llywydd Torïaid y Fali
A Chadeirydd Torïaid Sir Fôn.

Fe ddringodd losgfynydd yn Java,
Ond holltwyd y mynydd yn dri,
Fe gladdwyd rhen Blod yn y lafa,
A nawr mae hi'n lafa-tor-i!

Dyn od

Mae 'na gowman yn byw'n Waga-waga
Sy'n rhostio brogaid yn ei *Aga*,
    Yna'u hollti nhw'n ddau
    A'u bwyta 'da cnau –
Mae 'na rai fyddai'n dweud bod e'n gaga.

I Ron

Daeth hipi i fyw i Dregâr, Ron,
Mae e'n drewi'n ôl bechgyn y sgwâr, Ron;
    Os gwelai'r diawl slic,
    Fe a'i ato fe'n gwic
A rhoi cic iddo'n llinyn ei âr, Ron.

Ar sgwâr Tregaron

Wrth gerdded i'r Talbot un noson
Gofynais i feddwyn afradlon,
    'Ai'r lloer sydd uwchben
    Ynteu'r haul? 'Cau dy ben,'
Mynte fe, 'dwi'm yn dod o Dregaron.'

Problemau atalnodi

Wrth yrru ar wyliau i Roma,
Methodd Twm arwydd 'Stopiwch fan yma!;
    Mae e' nawr mewn ysbyty
    Ar gyrion Rieti –
O fethu ffwl stop aeth i goma.

Tôn y Botel

Mewn steddfod un tro rhwng y locyls,
Medde'r Ficer, gan dynnu'i bei ffocyls,
    'Rhaid atal y wobr,
    Nid am bo' chi'n sobor
O sâl. Ond mae'r beirniad yn gocyls.'

Problemau ynganu

Mae gormod o *Welsh* yn *bad thing*,
Rhaid i *language* y Sais gael ei *fling*;
    Ond rwy'n teimlo'n reit dost
    Gan fy mod, *to my cost*,
Nawr yn *utterly lost* mewn *bi-ling*.

Cynilo

Gwelais Gardi a'i wraig gyda'u plant
Yn stripio holl welydd Ty'n Nant;
   'Paratoi,' mynte fi,
   'At bapuro ŷch chi?'
'Symud tŷ', mynte'r boi, 'ni'n mynd bant.'

Dathlu dwbwl

Fe anwyd mewn 'sbyty'n Lahore
Efeilliaid i alto o'r Ffôr;
   Ar ôl hir whilmentan
   Fe enwodd hi'r cynta'n
Cantata, a'r ail yn Encôr.

Ffôn lôn

Gwna'n fawr o dy gyfle, a ffonia
Ar dy *Erikson, Samsung* neu'th *Nokia*
   Tra fedri di rodio;
   Does dim poced mewn amdo
I'w chario ar dy daith *Motorola*.

Bolgi

Breuddwydiodd ail fab Sheik Yamani
Bod e'n bwyta marshmalow, myn diân i,
   Roedd hi'n freuddwyd mor fyw,
   Pan ddihunodd e', jiw,
Roedd ei glustog e' wedi diflannu!

Mochyn

Mae 'na fachan yn byw yn Ffostrasol
A wnaeth ymddwyn yn llai nag urddasol;
    Pigo'i drwyn efo'i fys,
    Yna'i rwbio'n fy nghrys –
Rhowch dri mis i'r diawl anghymdeithasol!

Dyn dwad

Fe ddaeth *gentleman farmer* bach net
O Loeger i ffermio Cwm let;
    Dyw e'n codi dim blode
    Na llwyni na llysie,
Ond bob amser, fe godith 'i het.

Moses mewn welingtons

Un dydd, ar y ffordd heibio'i Saron
Fe gwrddais â Moses, brawd Aaron.
    Fe gwynodd yn groch,
    'Ddes i'n sych drwy'r Môr Coch,
Ond fe wnes i draed moch o Gors Caron.'

Sgersli bilîf

Fe weles ar ffrynt y *Gazette*
Fod mwnci gan Castro fel pet;
    Ond a glywsoch am Beti
    Sy'n cadw'r tŷ llety?
Mae 'na ieti, medd rhai, yn Nhŷ Bet.

Marcs v Crist

'Crefydd yw opiwm ein tadau,'
Medde Marcs, wrth bedlera'i syniadau;
   Bu ei angladd, ŵr ffôl
   Yn llawn rhwysg a chybôl –
Ond ddaeth e ddim yn ôl ymhen tridiau.

Beddargraffiadau

Dyfarnwr pêl-droed

Daeth *full time*, ac aeth y bachan
Lawr i Uffern heb ei chwiban;
Cwestiwn Satan oedd, 'Sgwn i
Pwy yw'r bastard yn y du?

Dringwr

Concrodd gribau'r Himalaya –
Everest ac Annapurna;
Dringodd lethrau o bob gradd –
Baglu wnaeth dros bridd y wadd.

Gyrrwr motor-beic

Ar ei *Honda* cafodd Aaron
Drawiad dwbwl ar ei galon;
Er nad oedd ei dranc yn jôc –
Aeth o'r byd yn sgîl tŵ-strôc.

Morwr

Prynodd Jac gwch hwylio drud
A mordwyodd rownd y byd;
Suddodd filltir o Wlad Pwyl –
Nawr does ganddo fawr o hwyl.

Y ffawdheglwr

Crwydro'n benrhydd aeth â'i fryd,
Ond daeth i ben ei deithio byd;
I'r bedd y'i cludwyd yn llawn parch
A'i fawd yn sticio mâs o'i arch.

Y chwaraewraig pŵl

Roedd Siw yn hip, roedd Siw yn cŵl,
Bu farw Siw tra'n chware pŵl;
Wrth ddrws y Nef o hyd mae Siw –
Mae'n dal i fod ar bendraw'r ciw.

Y chwaraewr snwcer

Marw wrth y bwrdd wnaeth Cefin
Tra'n gor-ymestyn am y melyn;
Teimlodd rwygiad yn ei frest –
Nawr fe gaiff dragwyddol rest.

Meddwyn I

'Diawch, mae coesau gan lemons ffordd hyn!'
Meddai meddwyn wrth farman reit syn.
    Meddai hwnnw, gan dasgu,
    'Y diawl, ti 'di gwasgu'r
Caneri i mewn i dy jin!'

Meddwyn II

Rhyw fachan â'i geg e' mor sych
A yfai'n ddiddiwedd fel ych;
    Ac fel tancwr di-ragfarn
    Fe sychai bob tafarn
O Lacharn reit lan i Gwm Cych.

Pysgotwr

Fe ddaliwyd Twm ar lan Llyn Cawr
Gan fachyn y Pysgotwr Mawr;
Pwyswyd Twm, a'i gael yn brin,
A Duw a'i taflodd nôl i'r llyn.

Y Cynghorwr

Drwy ei einioes fe fu Dai
Ym mhoced ddofn y Swyddog Tai,
Ond ym mynwent fach Llandrinio
Doedd dim angen cais cynllunio.

Meddyg

Roedd ganddo foddion weithie
Wnai wella rhai o'u clwyfe,
Ond neithiwr, yn lle 'dwedwch A!',
Prin ddweud 'ta-ta' a wnaeth e'.

Glôwr a chanwr

Twm oedd tenor gorau'r côr,
Gweithiai yng Nglofa Nymbyr Ffôr;
Un dydd syrthiodd grand piano
Lawr y shaft, ac yntau tano.
Nawr, yn hytrach na top tenor,
Y mae Twm yn *A-Flat Miner*.

Peilot

(Weithiau, ni fydd teithwyr awyren a'u bagiau' glanio'r un man.)

Bu farw Twm Edwards o'r Bala
Ar daith Jymbo Jet uwch Korea,
    Fe'i hedfanwyd e' nôl
    I Gymru o Seol –
Aeth ei arch drwy'r North Pôl i Fwlgaria.

Parashwtydd

(Mewn naid parashŵt mae'n arferiad i waeddi 'Geronimo' cyn tynnu'r cortyn)

Ar ôl naid o awyren un tro
Wrth barashŵt, clywid 'rhen Jo
    Ar ôl hitio'r ddaear
    Yn sibrwd yn glaear,
'Beth oedd enw'r hen Indian 'na to?'

Er serchus gof

Pan oeddwn ar wyliau'n Tahiti,
Fe gipiwyd fy ail wraig i, Kitty,
    Gan ganibal llydan
    A'i berwodd mewn crochan
A'i bwyta hi'n gyfan. 'Na biti!

Y llwybr cul a'r ffordd lydan

Rhedai'n ddi-dor o'r ael tua'r drum
Yn llwybr unionsyth fel rhych;
Amlinell fain, yn gain tan y grib,
Ceindeg fel dameg mewn drych.

Bywyd oedd wynfyd tra'r llwybr yn gul
Megis incil gwyn rhwng dwy allt,
Ond graddol ymledodd yn draffordd lefn –
Damio, fe gollais fy ngwallt!

Miliganiaeth

Disgyblaeth

(Yn arddull y Meistr)

Fy mreuddwyd ers blynyddoedd
Fu llwyr hyfforddi ci
I wneud pob tric sy'n bod dan haul
Ar fy ngorchymyn i.

Ond haws yw dweud na gwneud bob tro
A buan gwelais taw
Nad hawdd oedd dysgu pecinî
I neidio dros goes rhaw.

Gwrthodai ddal ei gynffon bwt,
Gwrthodai nôl fy hat,
A phan orchmynnais iddo, 'Sit',
Difethodd bedwar mat.

Methais ei gael i fegio'n giwt
Am fisged *Garibaldi*,
Ac yn lle dawnsio, cysgai'n drwm
Drwy fiwsig pêr Vivaldi.

Gwylltiais. Fe'i teflais ar y tân,
Er mawr fwynhad i'r gath,
A gwaeddais, 'Neidia o fanna'r diawl!'
A wir i chi, fe wnâth!

Hen dro

(Efelychiad)

Fy hen Wncwl Iori
A hitiwyd gan lori
Ar y ffordd i Mandalay;
Fe'i hitiwyd ef eto
Ar y ffordd i Soweto
Ac eto ger tŷ Anti May.
Felly,
Fe yrrodd drwy'r nos
Dan yr hen leuad dlos
Draw o'r traffig a'i holl randibŵ,
Ond dyna'i chi aflwydd,
Fe'i hitiwyd gan glacwydd
A yrrwyd gan ddwy gwdihŵ.

Dydd da i chi

(*Addasiad*)

'Help! Help!', gwaeddodd dyn oedd yn boddi,
'Dal dy ddŵr,' medde dyn ar y traeth.
'Help! Help!, medde'r dyn, 'Dwi'm yn cellwair!'
'Fe wn,' medde'r llall, 'ond rwy'n waeth.
Amynedd, ti ddyn sydd yn boddi!
Ti'n gweld, rydwi'n teimlo'n reit dost,
Ac rwy'n disgwyl mewn ciw am yr hen Ddoctor Puw,
Felly pwylla, beth bynnag fo'r gost.'
'Faint o amser mae'n debyg i gymryd
Cyn daw'r Doctor i nhynnu i mas?'
'Fe ddaw e' mhen winc,' medde'r dyn oedd yn sâl,
'Felly brwydra dy orau glas.'
'Iawn,' medde'r dyn oedd yn boddi,
'Wrth i fi arnofio ar y dŵr,
Fe adroddai benillion gan Ceiriog,
A meddwl am Owain Glyndŵr.'
'Help! Help!' medde'r dyn oedd â'r salwch,
'Yn sydyn, rwy'n teimlo'n reit dost.'
'Pwylla di,' medde'r dyn oedd yn boddi,
'A gorwedd yn llonydd fel post.'
'Gwae fi,' medde'r dyn oedd yn cwyno,
'Rwy'n marw, rwy'n marw o'm pla.'
'Ffarwel!' medde'r dyn oedd yn boddi,
Medde'r dyn oedd â'r clefyd, 'Ta-ta!'
Felly boddodd y dyn oedd yn boddi,
A threngodd y dyn ar y traeth;
Ond ar wahân i hyn oll, ac i'r gath fynd ar goll
Fe allai fod lawer yn waeth.

Yn llygaid yr edrychwr

(Addasiad)

Rwy'n meddwl 'mod i'n brydferth,
Er bod fy nhrwyn i'n gam;
Fel na fydd neb yn sylwi
Fe wisgai ffrog fy mam.
Rwy'n meddwl 'mod i'n brydferth
Er gwaetha llygaid tro;
Fel na fydd neb yn sylwi,
Fe wisga'i het Jim Cro.
Rwy'n meddwl 'mod i'n brydferth
Er gwaethaf clustiau cam,
Fe'i cuddiaf nhw â chlustog,
Fydd neb yn gofyn pam.
Rwy'n credu 'mod i'n brydferth
Er gwaetha coesau main,
Fe'i cuddiaf nhw a dweud wrth bawb
Eu bod nhw'n byw 'da Nain.
Os wnei di ngalw'n salw –
Mae gen ti berffaith hawl –
Fe alwa'i ar fy nghrocodeil
A'i annog, 'Llynca'r diawl'!

Y Twit

(*Addasiad*)

Gwelais Dwit at sgwâr Ffair Rhos –
Yn glir – er bod hi'n hanner nos,
Ac er ei bod hi'n dywyll iawn,
Llwyddais i weld y Twit yn llawn.
Roedd y Twit yn wyrdd ac ysgafn droed,
Y cynta welais i erioed.
Gofynnais, 'Wyt ti'n Dwit go iawn?'
'Ydw,' atebodd, 'amser llawn.'

Y bocsiwr

(Cyfieithiad)

Bocsiwr bach wyf fi
Sy'n camu mewn i'r ring,
Clatsio! Clatsio! Clatsio!
Nes i'r gloch fynd 'Ding!'

Pan gana'r gloch 'Ding!' eto,
Eisteddaf ar y stôl,
Gan syllu ar fy ngelyn,
Y diawl bach salw a ffôl.

'Ding!', mae'r gloch yn canu 'to,
Nôl â fi'n reit gas.
Bim! Bam! Bwm! O damio,
Wyth! Naw! Deg! Rwy mâs!

Jam

(*Addasiad*)

Rwy'n dy rybuddio, Wncwl Sam,
Gochel, gochel di rhag jam,
Mae e' yno'i frecwast, cinio a the,
Mae e'n bresennol ymhob lle.
Does dim dihangfa rhag y jam,
Fe wnaiff dy ddilyn gam wrth gam,
Ac os wyt ti braidd yn ara,
Yn sydyn fe fydd ar dy fara.
Pam? Pam? Pam? O pam
Bod 'na gymaint o jam?
Dam!

Y mwnci

(*Addasiad*)

Mwnci, mwnci, mwnci
Ar y gangen fry,
Yno'n tynnu stumiau –
Plîs, tynna un i fi.
Tynna un i Dadi,
I Mami ac i'r Cwîn,
Ond pan ddaw'r prifathro,
Dangos dwll dy din.

Cerddi coffa

John Roderick Rees

(Fy nghyn-athro Cymraeg)

Gamaliel fy llencyndod oeddet ti,,
Torraist y rhaff a'm clymai wrth fy nesg
Gan adael im breuddwydion grwydro'n ffri
A thanio dawn dychymyg fu mor llesg.
Dy wên a ddaeth â'r haf i Gerddi'r Gaeaf,
Dihunaist ynof Hen Atgofion fyrdd,
Dy lais yn adrodd Glannau byth mi gofiaf,
Mae'th gerdd am Frenin Gwalia'n fythol wyrdd.
Mynnaist barhau yn driw i dir y fawnog,
Gwrthodaist fod yn un o'r defaid tac,
Dewisaist flewyn prin y corsydd brwynog
O flaen yr academia welltog. Jac,
Yn wylaidd yma cydnabyddaf di
Am dywys adre ddafad strae fel fi.

Ar ben Tŷ Mawr

(Er cof am hen gyfaill, John Wyn Huws)

Ar ben Tŷ Mawr mae defaid heno'n pori
Lle gynt bu yno bedwar ffrind cytûn
Ar astell mainc, fel pedair iâr yn gori,
Yn tyngu llw a'u clymodd oll yn un;
Hafau diddiwedd oedd yr hafau hynny,
Hafau di-gawod, hafau cynnes, clyd
Cyn dod o'r oerwynt llym i lethu'r ynni,
A'r cesair cras i sigo a chrino'n byd.
Cripiodd hen helgi slei dros Ben y Bannau,
Dychwelodd dros y gorwel gyda'i brae;
Heddiw does dim ar ôl o'r dirgel fannau,
Ac ar y gwynt does ond sibrydion strae;
Yn cofio'r heuliau haf ar ben Tŷ Mawr
Lle gynt roedd pedwar, dim ond tri sy' nawr.

Dai Ffostrasol

Aethost o'n byd mor ddistaw ag y daethost,
Cyrraedd a gadael heb it grychu'r dŵr,
Treuliaist dy oes yn dawel a di-ymffrost
Cyn llithro o'n plith fel crëyr mud di-stŵr.
Cedwaist yn lân y ffynnon a'i hanwylo,
Gwarchodaist ffrwyth y winllan rhag y moch,
Ninnau wnawn wenu, wrth i'n chwifio'n dwylo,
Gan gofio'r denim glas a'r macyn coch.
Dy dawedogrwydd di oedd dy huodledd,
Yn dy ddistawrwydd llechai grym dy lais,
A hwnnw'n uniaith. Wfft i ffôl ddwyieithedd,
Merwindod ar dy glyw oedd baldordd Sais.
O'th golli di, dyw'r byd fawr ddim tawelach,
Ond heb dy gwmni, Dai mae'n llawer gwacach.

Niclas y Glais

Doeddwn i'n ddim ond plentyn
Pan ddeuet heibio ar dro i sgwrsio â Nhad
Am Farcs a Lenin,
Ac am Dduw a'i Fab Iesu.
Cap stabal wisgai dy Iesu di,
Nid coron ddrain.

Cyn i mi ddysgu darllen,
Medrwn gofio geiriau Llong y Plant.
Mae olion Marmeitaidd fy mysedd prysur
I'w canfod o hyd ar wyneb y ddalen.
A hyd ddiwedd oes
Mewn hunllefau nosol
Mi welaf yr ofn
Ar wynebau bach pob crwt a phob croten,
A chlywaf eu griddfan ar ambell fin hwyr
Wrth i'r weilgi trachwantus eu llyncu nhw'n llwyr;
A thithau yn y carchar
Am dy 'frad'.

Hedodd blynyddoedd heibio
Cyn i mi fentro atat i'r Lasynys,
Lle cawn fy ngwawdio'n ysgafn
Am fawrygi hen Dywysogion.
'Llywelyn a Glyndŵr!
Paraseits, machgen i,
Yn byw ar gefn y werin dlawd!'
Ac yna'r chwerthiniad iach
Yn chwalu drwy'r gegin.
'Dewch draw i'r cefen,
Mae gen i waith i'w wneud.'

Yno, yn sawr antiseptig
Dy fferyllfa Ffrancensteinaidd
Fe'th wyliwn yn naddu dannedd gosod,
Yr oerfel yn gafael fel gelen,
A thithau'n dy got frethyn.
O'th gwmpas ar y silffoedd
Crechwenai rhesi o ddannedd di-wyneb
Mewn potiau jam,
Eu hysgyrnygiadau'n sgrechiadau di-swn,
Wedi rhewi'n eu dŵr
Yn dragywydd.

Ac yna'r tro olaf hwnnw,
Er na wyddwn i hynny;
Eistedd oeddet ti yn y gegin
Yn dy gap a'th ddici bo
A'th drwsiadus Stalinaidd fwstas
Yn cosi dy wefus isaf.
Y proletariad twt
Yn chwifio rhwng dau fys
Ddaliwr sigaret yn ddiletantaidd goeg.
O'th ôl ar y wal
Crogai darlun o'r Cadeirydd Coch ei hun.
Ti a Mao yno yng nghlydwch y gegin fach,
Dau fardd, dau debyg.
Gwenaist.
'Ie, 'machgen i, hwn yw'r dyn
A Tsieina fydd y wlad rhyw ddydd a ddaw.
"Rwy'n gweld o bell ...".
Gwrandwch, cofiwch fy ngeiriau i nawr.'

Roedd sicrwydd dy haeriad yn fwy o broffwydoliaeth
Nag o rybudd.
A chwmwl o fwg dy faco Wdbein
Yn hofran fel ebychnod
Uwch dy gap.

Yn narlith Gwenallt

Byrion a mân oedd dy gamau
Rhwng y desgiau moel,
Dy ddwylo ynghlwm tu ôl i'th gefn,
Dy olygon yn sownd ar flaenau'th draed
A'th ŵn academaidd adeiniog
Yn chwifio o'th ôl.

Cerddwn gyda thi
Ar dy bererindod geiriol
Gan ganlyn dy gamau deryn du
Drwy ddwyawr o ddarlith.
Arweiniaist fi dros fynyddoedd
At Williams i Lanfair-ar-y-bryn,
Lle cawn daflu 'maich oddi ar fy ngwar.
Meddet: 'Pantycelyn oedd bardd Cristnogol
Mwyaf Ewrop.'
Pwy wnai dy amau?

Yna, lawr â ni wedyn i'r Ynys-ddu
I oedi gydag Islwyn
Fry uwchlaw cymylau amser
Lle nad oedd neb yn brudd,
Yn gwrando ar y gân ddiddiwedd.

Wedyn picio fyny i'r Betws Fawr
Lle byddai nef i'n heneidiau
Er na welem ond o ran,
Ti a fi a Robert ap Gwilym Ddu
Yn diolch am y Gwaed
A gofir o oes i oes,
A'r gân o hyd yn newydd.

Hedai dwyawr heibio fel eiliadau,
A thoc byddem yn ôl yn academi dysg
Ymhlith y desgiau
Cyn caniad y gloch ginio.
Gwahanai, gadawai'r dosbarth,
Sŵn eu traed yn atsain
Lawr y grisiau.
Encilio a wnaet tithau
I'th fyfyrgell ogofaol dan y staerau.

Ond oedi yno am enyd a wnawn i,
Dy lais yn dal i atsain rhwng y distiau,
A'r hen emynau'n seinio yn fy mhen.

Dyn yr hanner coron

Ar ddathliad 60 mlynedd Clwb y Bont 2007

Fe wisgai hen gap ysgol
A shorts ar hanner mast,
Ei sgidiau'n troi i fyny –
Rhai duon mawr Holdffast,
Ac enw'r Moose Jaw Royals
Addurnai ei got wen,
A chwifiai hances boced
Yn sownd wrth ddarn o bren.

Dŷn yr hanner coron,
Fe'i cadwn yn ein co',
Llumanwr tîm y pentre,
Sefydlydd clwb y fro.

Mil-naw-pedwar-saith oedd hi
Pan aed i godi clwb;
Ar fechgyn cryf Ffair Rhos a'r Bont
Roedd angen her a hwb,
Aed rownd â chap i gasglu,
A'r cynta'i daflu rhodd
Fel hen wraig dlawd yr hatling gynt
Oedd Guy, gan roi o'i fodd

Ei unig hanner coron;
Esmwyth ar y co'
Yw'r atgof am Guy Morgan,
Noddwr tîm y fro.

Dilynodd dîm y pentre
Drwy heulwen a thrwy law,
Gan nad oedd Guy'n ddiduedd,
Achubodd bwynt … neu naw
Drwy chwifio'i hances boced
Wrth alw yn ddi-baid
Ar bob dyfarnwr twp a dall
I chwibanu am *off side*.

Dŷn yr hanner coron,
Dyfarnwyr aent o'u co',
Cyn geni Wali Tomos,
'Rhen Guy oedd arwr bro.

Bu farw Guy yn alltud
A'i roi mewn bedd di-nod,
A threiglodd trigain mlynedd
Ers iddo roi o'i gôd
Yr hanner coron cynta
A'i daflu mewn i'r cap,
Bydded i ninnau heno
Ddiolch drwy floedd a chlap

I ddyn yr hanner coron;
Os llonydd yw'r hen ffrind,
Mae'r clwb yn dal i frwydro
A'r gêm yn dal i fynd.

Eirwyn Pontsiân

Fe'th welais di mewn steddfod ac mewn ffair
Yn herio'r byd dan fargod pig dy gap,
Y werin yno'n hongian ar bob gair
Gan wylo chwerthin, dim ond i ti chwap
Eu troi nhw'n fud a chegrwth wrth i'th lith
Drin mawredd Pantycelyn a D J,
Yna'n ddi-oed, troi popeth i'r tu chwith
A'r chwerthin iachus eto'n llenwi'r lle.
Pan grea chwa'r awelon ddiwedd haf
Rith-luniau rhwng y dail o angau brown
Yr hydref sydd ar ddod, atgof a gaf
O'r eiliad brin pan syrthiai masg y clown
Gan led-ddatgelu, am ryw funud-awr
Y bychan ingol gydag enaid mawr.

Colli Eirwyn
1994

Y dŷn bach a'r cap a'r wên
A'i storïau'n gampau llên
A'n sbardunodd ni i chwerthin wrth y mil;
Ond tu ôl i'r hwyl a'r hoen
Roedd 'na enaid mawr mewn poen
Yn gofidio am ei iaith, ei wlad a'i hil.

Mari Fowr sy'n drist a phrudd
Gyda deigryn ar ei grudd,
A'r hen Ficer o Benstwffwl sydd heb gân;
A chyfeillion y Bliw Bôr
Sydd yn llefen dagre'r môr
Am na ddaw o'r gweithdy heno sŵn y plân.

Aeth y byd i gyd o chwith
Wedi iddo fynd o'n plith,
Nawr mae gwacter lle bu bywyd gynt mor llawn;
Nid oes ystyr nawr i hwyl,
Dydi'r Steddfod ddim yn ŵyl,
Na chwedleua nawr yn grefft na sgwrsio'n ddawn

Y dŷn bach a'r cap a'r wên
A'i storiau'n gampau llên
A'n sbardunodd ni i chwerthin wrth y mil;
Ond tu ôl i'r hwyl a'r hoen
Roedd 'na enaid mawr mewn poen
Wrth ofidio am ei iaith, ei wlad a'i hil.

Addasiadau a Chyfieithiadau

Atgof am boplys

(*Cyf o gerdd Patrick Kavanagh*)

Crwydrais dan gangau'r poplys hydrefol a blannwyd gan nhad
Ar ddydd o Ebrill, a minnau'n blentyn,
Pan redais heibio i das o wreiddiau
Y didolodd ef o'u plith y rhai unionaf, y mwyaf addawol.

Breuddwydiai nhad goedwigoedd – mae'n farw bellach
A thyf fforestydd poplys yn y mannau diffaith
Ac ar lannau ffosydd.

Pan godaf fy mhen, gwelaf nhad
Yn sbecian drwy nen ganghennog.

Er cof am Mam

(Cyf o gerdd Patrick Kavanagh)

Ni'th welaf di'n gorwedd yn y gleien laith
Mewn mynwent ym Monaghan; gwelaf
Di'n rhodio'r lôn ymysg y poplys
Ar dy ffordd i'r stesion, neu'n llawen

Gyrchu tua'r ail offeren ar Sul o haf –
Cerddwn, a dywedi:
'Paid anghofio'r gwartheg' –
Ymhlith dy eiriau cynnar, crwydra'r engyl.

A chofiaf di'n cerdded pen talar
O las-geirch Mehefin
Mor llawn gorffwystra, mor hoedlog gyfoethog –
A gwelaf ni'n cwrdd ar derfyn tref

Ar ddiwrnod ffair ar hap wedi
I'r bargeinio dewi, a chawn gerdded
Gyda'n gilydd drwy'r siopau a'r stondinau a'r marchnadoedd
Yn rhydd ar hyd strydoedd dwyreiniol y cof.

O, na, ni wnei di orwedd yn y gleien laith,
Mae hi nawr yn noswyl y cynhaeaf, a ninnau'n
Pentyrru'r helmau ar draws y lloergan,
Tithau'n gwenu arnom yn fyth-bythol.

Nefoedd Ronnie

Ronnie Drew o'r Dubliners 1934 – 2008
(Cyf o gerdd Patrick Kavanagh)

Sut beth ydi e, Ronnie – dy fywyd newydd hwn?
Tebyg i'r hyn a beintiwyd gan y meistri?
Gorweddian ar gwmwl llaith yng nghwmni bodau adeiniog
Yn gwrando ar delynau ddydd a nos?

Medrwn dy gynnwys di'n y llun,
Ond nid dy ddisgwyliadau:
'A wnaiff rhywun, er mwyn Duw,
Fy nwyn i lawr nawr, ar unwaith
At ffynnon y gwin pefriol –
Onid dathliad oedd hyn i fod?'

Lluniaf, yn hytrach, beintiad amgenach:
Gwelaf dy ysbryd, o'r diwedd yn rhydd
O'i gadwyni bydol
Yn hedfan tuag at ymwybyddiaeth newydd,
Yn clebran â Kavanagh
Heb lyffetheiriau geiriol:
Heb y cywilydd o gael dy wrthod
Gan bedair o dafarndai Baggot Street.

Weithian mae'r cyfan yn glir –
Ulysses yn symlach na Gweddi'r Arglwydd,
Becket bellach heb ddisgwyl Godot,
A Joe O'Broin yn llithro draw
Gyda gwên ddireidus:
'Sut hwyl, Ronnie?
Gwnaethost fi'n rhywun o'r diwedd.
Clywais bod Cliodhna a Phelim wedi dewis fy ngherdd
Ar gyfer diwedd dy offeren,
Ond doedd dim rhaid i ti frysio…
Does dim amser cau fyny fan hyn –
Dim ond un awr sanctaidd hir ddiddiwedd.

Nawr fe ymddengys Deirdre,
Gan bontio bwlch poenus o bedwar mis ar ddeg
Heb lestair cyrff;
Mae'ch ysbrydion yn cofleidio ac yn cordeddu
Mewn cylchoedd diddiwedd o orfoledd
Gan adael ar ôl y dirgelion mawr
A'th blagiodd di:
'Beth yw bywyd?'
'Beth yw celfyddyd?'
A 'Ble ddiawl mae Barney?'

Y Sant

(Cyf o gân Dominic Behan)

Yn Glendalough trigai hen sant
A rodiai hyd lwybrau Duwioldeb;
Fe lwyr ymwrthodai â chwant,
A doedd dim ganddo'n waeth na rhywioldeb.

    Ffol di dol ffol di ffol dei,
    Ffol di dol rol di dol adi,
    Ffol di dol ffol di ffol dei,
    Ffol di dol rol di dol rol di adi,

Roedd e'n hoff o fyfyrio, oedd siŵr,
Ac fe ganai'r Sallwyrau bob nodyn,
Hoffai daflu ei fachyn i'r dŵr
Yn y gobaith y daliai bysgodyn.

    Ffol di dol ...

Fe ddaliodd ddau frithyll un dydd
Ac fe dorrodd eu pennau nhw bant, do,
Ond daeth Kitty i herio ei ffydd
Ac fe gododd hi wrychyn 'rhen sant, do.

    Ffol di dol ...

'Nawr 'te, bagla hi bant!' meddai'r sant,
'Paid trethu fy mhwyll a'm doethineb;
Ni fynnwn i ildio i chwant,
A does dim byd yn waeth na godineb.'

    Ffol di dol ...

Ond roedd Kitty yn fenyw reit hy',
A phan ddaeth e' adre o'r festri
Fe'i gwelodd hi'n eiste'n y tŷ
Yn rhoi sglein ar ei ddreser a'i lestri.

 Ffol di dol ...

Fe afaelodd yn Kitty yn dynn –
Ac o na bai'r Gardai yn dystion –
Fe'i taflodd i ganol y llyn,
A myn diawch i, fe suddodd i'r eigion.

 Ffol di dol ffol di ffol dei,
 Ffol di dol rol di dol adi,
 Ffol di dol ffol di ffol dei,
 Ffol di dol rol di dol rol di adi.

Cymru'n Gymru rydd

(*Efelychiad o: A Nation Once Again gan Thomas Davis*)

Yn ifanc, cerddai tân drwy 'ngwaed
Pan glywn am ddynion rhyddion
A frwydrodd dros eu gwlad yn ddewr,
Boed drichant neu dri gwron,
Gweddïais dro y cawn i weld
Ein nos yn troi yn ddydd,
A Chymru, o'i chadwynau caeth,
Yn ôl yn Gymru rydd.

Cytgan:
A Chymru'n Gymru rydd,
A Chymru'n Gymru rydd,
A Chymru, o'i chadwynau caeth
Yn ôl yn Gymru rydd.

O'r dwthwn hwnnw hyd yn awr,
Yn goelcerth taniai'n gobaith,
Ni welwyd haul na lloer na sêr
Mor bêr â fflam ein hymdaith;
Disgleiriai yno oddi fry
Dros fryn, dros fôr a ffridd,
A chanai engyl yn un côr
Am Gymru'n Gymru rydd.

Cytgan:

Sibrydent yn fy nghlust y ffaith
Mai sanctaidd oedd ein hymgyrch,
Na ddylai unrhyw ddrwg na sen
Absennu ein rhyfelgyrch;
Daw rhyddid o ddeheulaw Duw,
A hynny gawn ryw ddydd;
Pan ddelo dynion dewr i'r gad,
Daw Cymry'n Gymru rydd.

Cytgan:

Ac felly, wrth im dyfu'n ddyn,
Rhof f'ysgwydd dan y byrdwn,
Heb flino a heb ildio cam
Wynebaf wawd y llechgwn;
A'r weledigaeth sydd yn fyw,
Llawn gobaith a llawn ffydd,
Y caiff fy ngwlad, rhyw ddydd a ddaw,
Fod eto'n Gymru rydd.

Cytgan:

Caledonia

(Cyf o gân Dougie MacLean)

Wel, wn i ddim a welwch chi
y newid mawr a ddaeth drosta i,
y dyddiau hyn rhyw amau rwyf
na wnawn fyth eto gwrdd;
adroddaf hen atgofion lu,
a chanu am hen ddyddiau fu,
a dyna pam rwy'n teimlo nawr
yn bell, mor bell i ffwrdd.

> *Cytgan:*
> Digon yw dweud mod i'n dy garu,
> rwyt ti ar fy meddwl nos a dydd,
> Caledonia, rwyt ti'n galw ac rwy'n dod yn ôl;
> petawn i byth yn troi'n ddieithryn,
> tristach na thrist a fyddwn i,
> Caledonia, rwyt ti'n rhan o 'fenaid i.

Ond teithio wnaf, beth bynnag fo,
gan profi hyn, yna profi arall,
fe gollais ffrindiau ambell dro
ac yna gwneud rhai gwell;
cusanais rai, cyn mynd ar ffo,
difethais lawer breuddwyd brydferth,
crwydrais ymhell, gan adael co'
i hofran yn y gwynt.

> *Cytgan:*

Rwy'n eistedd nawr o flaen y tân
mewn stafell wag, mewn byd di-gân,
mae'r fflamau fu mor danbaid gynt
yn farwor erbyn hyn;
ond yn fy mhen mae'r ffordd yn glir,
a gwn yn iawn beth a wnaf yfory,
wedi ysgwyd llaw, bydd cusanu hir
cyn troi drwy'r drws tua'r nos.

Cytgan

Addfwyn Anni

(Addasiad o Gentle Annie gan Tommy Makem)

Addfwyn Anni dirion,
Ti yw lleidr cêl fy nghalon,
Mae fy enaid nawr yn fodlon yn dy gôl,
Rhoddwn i ti'r haul yn offrwm,
Ti yw'r haf ddaw wedi'r hirlwm,
Bydd dy draed yn gadael blodau ar eu hôl,

Addfwyn Anni, annwyl Anni,
Bydd dy draed yn gadael blodau ar eu hôl,

Ar gyffyrddiad llyfn dy ddwylo,
Fy ngofalon oll wnânt gilio
Fel y gwlith o flaen y tes ar dorriad gwawr,
Bydd fy nghariad i ti'n ddibaid
Fel y glesni sy'n dy lygaid,
A deil fflam fy ffydd yn danbaid oesau ddaw.

Addfwyn Anni, annwyl Anni,
A deil fflam fy ffydd yn danbaid oesau ddaw.

Ti yw'r rhos ymhlith y rhosod,
Ti yw bore gân yr eos,
Ti yw chwerthin iach y plantos ar y ffridd,
Ti yw nhrysor, ti yw nhlysni,
Ti yw'r unig un sy'n cyfri,
Ti yw ngobaith, ti yw nghwmni nos a dydd.

Addfwyn Anni, annwyl Anni,
Ti yw ngobaith, ti yw nghwmni nos a dydd.

Pan fo moroedd byd yn berwi
A phob ffynnon wedi chwerwi,
Pan fo ser y nen yn disgyn, un ac un.
Pan fo'r lleuad wedi boddi,
A phob mynydd wedi toddi,
Byddi, Anni annwyl ar fy meddwl i.

Addfwyn Anni, annwyl Anni,
Byddi, Anni annwyl ar fy meddwl i.

Cardiau Post o Agistri

(Er Cof am Ieu)

I

Hedodd dy enaid yn union
fel durtur
o Dregaron draw yma'i Dragonera
i glwydo'n glyd
ar frigyn olewydden grom
ar ynys sy'n efeilles
i Afallon.

II

Am bymtheg o hafau braf,
oedaist yma gyda ni.
Ti, y tawelaf,
ti, yr enaid llonydd,
ein hangor ym môr ein miri,
yn ynys o fewn ynys
ar gilcyn o graig
nad yw namyn cefn llaw
ar arffed eigion y Môr Aegean.

III

Gofi di'r deffro ffwndrus
i gorws clochdar larwm o groeso
cadwyn groch o geiliogod?
Gofi di gliciadau'r cricsynau cudd
a hwtian piwis y peunod
yn uno'n gôr i forio'r gân foreol?
Yna'r prynhawniau hirion o hepian
yng nghysgod haul,
a grwndi trymaidd y cathod troellog,
heb ddim i'w hymlid ond eu cynffonnau,
yn hwiangerddi cryglyd, cras.

IV

Yma o hyd,
dan orwelion cul cantelau
eu hetiau carpiog,
deil hen ddynion i siglo ar eu stolion simsan
wrth dalcen y tŷ pobi
gan rolio dis,
eu swn fel rhuglan esgyrn sychion
rhwng sipiadau *Ouzo*.
Gwasgarant dros ysgwydd
eu *Yassu* a'u *Calimera* boreol
er budd ymwelwyr byddar,
ffoaduriaid o ryw hen oes foesgar
yn amyneddgar ddisgwyl amnaid
yr angau trugarog.

V

Dan gysgod ffigysbrennau
erys hen wragedd
i rygnu'n eu lifrai angladdol,
eu golygon wedi'u gludio
ar rywle tu hwnt i'r haul,
gan reddfol gyfrif eu mwclis gofid
rhwng bodiau a bysedd cnotiog
i gyfeiliant eu paderau mud.
Mesurant nifer gweddill eu dyddiau
o glain i glain,
glic wrth glic.
Yng ngwres y pnawn,
breuddwydiant am yr alwad dawel
a wna'u rhyddhau o'u hir hymdroi
yn nhir neb y meirw byw,
hiraethant am y siesta olaf
na fydd dihuno ohoni.

VI

A thithau.
Fe'th welaf di nawr
yn crymu fel marc cwestiwn yn y tes
rhyngom a'r haul,
dy draed yn bracsi'n y dŵr
fel crëyr hirgoes
a'th sigâr yn Fesiwfiaidd fygu
rhwng bys a bawd,
yn arogldarthu'n nadreddog
rhwng brigau brau hen bren.

Hanfod braf ein henfyd
oedd ein hoen,
ein hafau fel ein camau
yn hwy ac yn hoywach bryd hynny,
cyn dyfod nosau'r pesychiadau blin
i'n dihuno,
a phangau plygeiniol y pyliau ingol
yn dy siglo, dy blagio a'th blygu'n blet.
Wedyn y sylweddoliad sydyn, syn
nad diferion gwin gwridog Dimichaelis
oedd y brychni browngoch
A frithai gefn dy law.
Tithau'n gwenu'n euog arnom,
tanio sigâr yn ffug-ddidaro,
'Un fach arall i godi'r fflem.'
Ninnau'n gwingo wrth i ti fwydo'r fflam
a losgai'n dy ysgyfaint,
a'i chwmwl mwg yn lledu'n gysgod angau.

VIII

Yn ingoedd dy hir gystudd,
dy unig gysur oedd Ynys Agistri;
hon oedd ffynnon dy ffydd.
'Rhowch fy enw'i lawr, ac fe ddoi'n ôl
y flwyddyn nesa.
Fe wella'i, gewch chi weld.'
Ond ddaethost ti, wnaethost ti ddim.
Gwthiodd y gwenwyn slei ei golyn
drwy'r gwythiennau a rhwng y gwythi
i'th sigo a'th ysu drwy iasau
dyddiau a hwyrnosau
dy hir lesgedd.

IX

Heno, uwchlaw'r Llyn Halen
ychydig cyn y machlud,
mor llonydd, mor llyfn yw'r llun
ar gynfas graddliwiau'r glesni
yn ei fframyn o goed ffynidwydd.
Yna'n ddi-drwst ar ei draws
saetha gwib ddiwyro ar ddwy adain
yn fflach sydyn o enfys nerfus
fel enaid aflonydd
i rychio wyneb grisial
drych y dŵr.
Diflanna.
Yna, llonydda'r llyn,
ac ar ei lan,
helygen wylaidd
sy'n wylo'n unig

X

Gwn dy fod ti heno gyda ni,
mor wired ag y mae'r awel dirion o'r marian
yn mwytho brigau'r moryw
ar lethrau serth Mariza.
A deimli di heno arogleuon yr oregano
yn deffro'r gwenyn o'u trwmgwsg ar Aegina,
gan eu denu nhw'n slei draw i Daroussa,
eu hymian a'u bwhwman
wrth loetran ar sypiau grawnwin Aponisos
yn litanïau o salmau swrth?

XI

A wnei di wynto,
yn gymysg ag aroma'r amarylis,
sawr y sudd o'r pinwydd
sy'n gaddo i ti eleni eto
y try eu resin yn win *Retsina*?
Weli di'r coed yn pingo
o bomgranadau a ffigys trymion?
Heno mae'r grawnwin yn dorrog dew
a'r olewydd yn crymu dan eu ffrwyth
fel hen wragedd llwythog
ar eu ffordd adre o'r ffair.
Ond nid yw'r mêl ym Milos
mor felys ei flas eleni,
a surach ar wefusau heno
yw lemonau euraid Limenaria.

XII

Mae'n ddiwedd haf,
a'r machlud yn ymledu
yn staen o gochni
dros hances welw o ewyn.
O'n blaen mae'r *Bouganvillea*
yn araf ollwng ei afael brau
ar weddill ei betalau porffor.
Troellant, oedant yn geuladau gludiog.
Diferant yn waedlif tawel o gonffeti
dros uniad y marian a'r môr.
Suddant yn ysgafn yn sugn yr eigion.
Ildiant yn sydyn i swyn ei safn.
Cusanant.
Gwahanant.
Yna diflannant.
Ond deil eu gwrid ar wyneb swil y dŵr.
Hwn heno yw dy waed.
Ac yma y byddi mwy.

XIII

Nawr mae'r traeth yn llyfn,
heb ddangos unrhyw olion
bod undyn wedi bod yno.
Ond ar frigyn ir ar olewydden fregus
mae durtur mwyn â deilen yn ei big
yn hwian, hwian yn hoenus.

Yn Santa Clôs ar Noswyl
Nadolig gyntaf Anni
2010

Ar noswyl oer Nadolig
A thithau yn dy grud,
Pob seren wedi pylu,
Pob deryn bach yn fud,
Daw rhyw hen ŵr â llond ei sach
O'i gariad atat, Anni fach.

Nodiadau

Mae'r cerddi yn y gyfrol hon yn rhychwantu cyfnod o hanner can mlynedd. Y rhai cynharaf yw'r emyn Ple am Gymorth Duw, sy'n mynd nôl i ddyddiau ysgol yn 1958, a'r soned i Weithdy Jac y Crydd a'r gerdd i Afon Teifi, sy'n mynd yn ôl i ddechrau'r chwedegau. Y rhai diweddaraf yw'r cerddi i Gwenallt a Niclas y Glais.

Cerddi a gyfansoddwyd er mwyn plesio fy hun yw'r mwyafrif mawr. Mae'r cerddi yn yr adran Miliganiaeth, er enghraifft, yn adlewyrchu fy edmygedd mawr o Spike Milligan. Cyfieithais gerddi beirdd Gwyddelig fel Patrick Kavanagh er mwyn ceisio perswadio mwy o Gymry Cymraeg i ddarllen ei waith. Mae eraill, y rhai ysgafn yn arbennig, yn gynnyrch rhaglenni radio fel Dros Ben Llestri a Thalwrn y Beirdd.

Hoffwn nodi ambell i ffaith berthnasol am rai o'r cerddi:

Llwybrau: Cerdd fuddugol Eisteddfod Teulu Pantyfedwen Pontrhydfendigaid 2007.

Ffair Gŵyl Grog: Cerdd Gomisiwn Gŵyl Gerdd Dant Ystrad Fflur a'r Fro 2007.
Hon oedd yr olaf o bump o ffeiriau a sefydlwyd gan fynachod Ystrad Fflur. Fe'i cynhelid ar 25 Medi bob blwyddyn. Ar ôl symud i lawr gwlad o Ffair Rhos, fe'i cynhelid ar ddarn o dir a elwir Y Glas.

Ar Weun Blaenddol: Yn 1943 fe ymsefydlodd carfan o filwyr America ar y waun led cae o'm cartref ar gyfer cyrchoedd D Day. Lladdwyd y cyfan ar Draeth Omaha yng ngogledd Ffrainc.

I Lloyd a Ken: Derbyniodd Lloyd Thomas a Ken Jones

Fedalau Hir-wasanaeth Cymdeithas Bêl-droed Cymru am 50 mlynedd o ffyddlondeb i Glwb Pêl-droed y Bont.

Soned o Fawl i Dîm Pêl-droed Lloegr: Gair bach o eglurhad: Huwi Go – 'Ere we go'; Doctor Marten – esgid boblogaidd gan hwliganiaid pêl-droed; Stanli bach – cyllell Stanley, hoff arf hwliganiaid pêl-droed.

Baled y Saer Coed a'r Archdderwydd: Wedi ei seilio ar stori wir am gyfarfyddiad rhwng Cynan ac Eirwyn Pontsiân yn Eisteddfod Aberafan 1966.

Emyn Priodas: I Dylan, y mab a Janet ar eu priodas ddydd Sadwrn Ebrill 29, 2006.

Ar Fedydd Anni: Emyn ar gyfer bedyddio fy wyres Anni yng Nghapel Rhydfendigaid ddydd Sul, Mai 8, 2011.

John Roderick Rees: Ef oedd fy athro Cymreg yn fy mlwyddyn olaf yn Ysgol Uwchradd Tregaron. Roedd *Cerddi'r Gaeaf* gan R Williams Parry a *Hen Atgofion* gan W J Gruffydd yn llyfrau gosod pan sefais arholiadau Lefel 'A'. Glannau wnaeth ennill i Jac Goron Prifwyl y Rhyl ym 1985. Brenin Gwalia oedd cobyn enwocaf Cymru, march a brynwyd gan Dai, tad Jac.

Ar Ben Tŷ Mawr: Er cof am John Wyn Hughes, cyfaill llencyndod a aeth ymlaen i fod yn athro yn Ysgol y Gader, Dolgellau. Llecyn yn y pentref ger hen furddun ar lan Afon Teifi yw Pen Tŷ Mawr, lle byddai pobl ifanc y fro'n crynhoi.

Dai Ffostrasol: Dai Thomas, Cymro, cenedlaetholwr ac arch-grŵpi Edward H. Dafis.

Dyn yr Hanner Coron: Guy Morgan oedd hwn, y cyntaf i gyfrannu arian tuag at sefydlu Clwb Pêl-droed y Bont yn

1947. Fel llumanwr a oedd braidd yn unllygeidiog, llwyddodd i ennill mwy o gemau i'r Bont na'r chwaraewyr.

Atgof am Boplys / Er Cof am Mam: Patrick Kavanagh (1904 – 1967) oedd un o feirdd mwyaf Iwerddon.

Nefoedd Ronnie: Cerdd goffa i Ronnie Drew (1934 – 2008), sefydlydd y Dubliners. John Sheahan: ffidlwr y Dubliners. Joe O'Broin: bardd Gwyddelig yr adroddwyd dwy o'i gerddi yng ngwasanaeth angladdol Ronnie. Cliodhna a Phelim: plant Ronnie. Deirde: gweddw Ronnie. Barney: chwaraewr banjo a mandolin y Dubliners a fyddai'n diflannu'n aml.

Y Sant: Cân am Sant Kevin o Glendalough, a demtiwyd gan Dduw drwy anfon ato ferch noeth i brofi ei ddiweirdeb. Ni themtiwyd ef. Fe'i taflodd hi i'r llyn, y blagard!

Cardiau Post o Agistri: Cerdd er cof am Ieuan Evans, cydymaith ffyddlon am bymtheng mlynedd yn olynol ar wyliau ar Ynys Agistri yng Ngwlad Groeg. Bu fu farw yn 2009. Gosodwyd yn y dosbarth cyntaf gan Iwan Llwyd yng nghystadleuaeth Y Goron ym Mhrifwyl Glyn Ebwy 2010.